Medical Treatment Diary
by Gabriel S. Scott

Published by the Trustees of the Disability
Associates Corporation.

Medical Treatment Dairy

At some point in time, you or a family member will need to apply for Social Security disability or retirement benefits. With the aging of the American population, applying for these benefits may occur sooner than you think.

When you apply for Social Security benefits, you must complete a series of government forms. These forms ask for historical information about your condition. Most applicants are unable to provide these details, sometimes resulting in a denial of benefits.

The Medical Treatment Diary (MTD) can

make the collection and recovery of this elusive data far more comfortable. Think of the MTD as a personal diary used to document your medical treatment as it occurs. Each time you visit your doctor, change your medications, visit the emergency room or undergo a procedure, you can quickly document the experience inside of your MTD.

Documenting your medical treatment will help your case because each visit confirms the existence, treatment, and progression of your disorder. Social Security will request this kind of data to determine disability.

Can you imagine how difficult it would be to recall the dates, purpose and/or treatment outcome of every medical visit throughout months? With the MTD, you document a medical visit while the experience is still fresh in your mind. The MTD enables you to organize and store your data and securely share it with your advocate representative or the Social Security Administration.

One of the most significant barriers to acquiring SSA disability benefits is paperwork. SSA will require that you complete multiple forms and questionnaires. In many cases, you'll find yourself providing the same data on different forms adding more time and frustration to the application process.

To make matters worse, already completed forms are often misplaced by SSA employees, forcing you to complete the forms all over again.

Our MTD is designed to reduce the frustration of the SSA application process by enabling you to easily organize and store common data requested by the government.

The MTD app will also enable you to share your data with Social Security or your representative, reducing the time it takes to process your claim.

The MTD will only request data relevant to most government application processes. When making application to SSA, this kind of evidence is always requested. By storing your data in the MTD, you can easily share it with SSA, cutting months off the time it takes to process your claim.

Got a family member who is thinking of applying for Social Security disability or retirement benefits? Send him or her a copy of the MTD so that he can begin documenting treatment. A little MTD preparation can boost your chances of winning benefits by up to 30%. You also have complete control over what data is shared from your MTD, helping to maintain your privacy.

Using the MTD

The Medical Treatment Diary is divided
into information sections. These sections
are labeled as listed below.

Date?
Dr. Name?
Reason for visit?
Lab work done?
New Prescriptions?
Surgeries?
Result of visit?
Follow-up date:
Hospitalizations?
Notes

We have found that the above information
is most helpful during the Social Security
application process. Please use the input
forms provided. Every 2 pages start a new
form or medical visit. Our Social Security
application checklist is located at the end of
this text.

Office Visit

Date: _________

Dr. Name: _____________________

Reason: _______________________

Lab: __________________________

Prescriptions: _________________

____

Referrals: ____________________

____

Surgery: ______________________

____

Result of visit: ______________

____

____

____

Follow-up Date: _________

Hospitalizations: _____________

____

Notes:

____

____

____

____

Office Visit

Date: __________

Dr. Name: ________________________

Reason: ______________________________

Lab: _________________________________

Prescriptions: _________________________

____

Referrals: _____________________________

____

Surgery: ______________________________

____

Result of visit: ________________________

____

____

____

Follow-up Date: ___________

Hospitalizations: ______________________

____

Notes:

____

____

____

____

Office Visit

Date: __________

Dr. Name: ____________________________

Reason: ________________________________

Lab: __________________________________

Prescriptions: __________________________

____

Referrals: ______________________________

____

Surgery: ________________________________

____

Result of visit: __________________________

____

____

____

Follow-up Date: __________

Hospitalizations: ________________________

____

Notes:

____

____

____

____

Office Visit

Date: ___________
Dr. Name: ___________________________
Reason: _____________________________
Lab: ________________________________
Prescriptions: ______________________

____

Referrals: __________________________

____

Surgery: ____________________________

____

Result of visit: ____________________

____

____

____

Follow-up Date: ___________
Hospitalizations: ___________________

____

Notes:

____

____

____

____

Office Visit

Date: _________

Dr. Name: _______________________

Reason: _________________________

Lab: ____________________________

Prescriptions: ___________________

____

Referrals: _______________________

____

Surgery: ________________________

____

Result of visit: __________________

____

____

____

Follow-up Date: _________

Hospitalizations: ________________

____

Notes:

____

____

____

____

Office Visit

Date: _________

Dr. Name: _____________________________

Reason: _______________________________

Lab: __________________________________

Prescriptions: ________________________

____

Referrals: ____________________________

____

Surgery: ______________________________

____

Result of visit: ______________________

____

____

____

Follow-up Date: _________

Hospitalizations: _____________________

____

Notes:

____

____

____

____

Office Visit

Date: _________

Dr. Name: _______________________

Reason: ___________________________

Lab: ______________________________

Prescriptions: _____________________

____

Referrals: _________________________

____

Surgery: __________________________

____

Result of visit: ___________________

____

____

____

Follow-up Date: _________

Hospitalizations: _________________

____

Notes:

____

____

____

____

Office Visit

Date: __________

Dr. Name: ____________________________

Reason: ________________________________

Lab: __________________________________

Prescriptions: __________________________

____

Referrals: ______________________________

____

Surgery: _______________________________

____

Result of visit: _________________________

____

____

____

Follow-up Date: ____________

Hospitalizations: _______________________

____

Notes:

____

____

____

____

Office Visit

Date: _________

Dr. Name: ____________________________

Reason: ________________________________

Lab: __________________________________

Prescriptions: _________________________

____

Referrals: ____________________________

____

Surgery: ______________________________

____

Result of visit: ______________________

____

____

____

Follow-up Date: _________

Hospitalizations: _____________________

____

Notes:

____

____

____

____

Office Visit

Date: _________

Dr. Name: _____________________________

Reason: _______________________________

Lab: __________________________________

Prescriptions: _________________________

____

Referrals: _____________________________

____

Surgery: _______________________________

____

Result of visit: ________________________

____

____

____

Follow-up Date: _________

Hospitalizations: ______________________

____

Notes:

____

____

____

____

Office Visit

16

Date: _________

Dr. Name: _____________________________

Reason: _______________________________

Lab: __________________________________

Prescriptions: __________________________

____

Referrals: ______________________________

____

Surgery: _______________________________

____

Result of visit: _________________________

____

____

____

Follow-up Date: _________

Hospitalizations: ________________________

____

Notes:

____

____

____

____

Office Visit

Date: _________

Dr. Name: _____________________________

Reason: _______________________________

Lab: __________________________________

Prescriptions: _________________________

____

Referrals: ____________________________

____

Surgery: ______________________________

____

Result of visit: ______________________

____

____

____

Follow-up Date: ___________

Hospitalizations: _____________________

____

Notes:

____

____

____

____

Office Visit

Date: _________

Dr. Name: ____________________________

Reason: _______________________________

Lab: __________________________________

Prescriptions: _________________________

____

Referrals: _____________________________

____

Surgery: _______________________________

____

Result of visit: ________________________

____

____

____

Follow-up Date: _________

Hospitalizations: ______________________

____

Notes:

____

____

____

____

Office Visit

Date: _________

Dr. Name: ___________________________

Reason: _____________________________

Lab: ________________________________

Prescriptions: ______________________

____

Referrals: __________________________

____

Surgery: ____________________________

____

Result of visit: ____________________

____

____

____

Follow-up Date: _________

Hospitalizations: ___________________

____

Notes:

____

____

____

____

Office Visit

Date: _________

Dr. Name: _________________________

Reason: ______________________________

Lab: _________________________________

Prescriptions: ________________________

____

Referrals: ____________________________

____

Surgery: _____________________________

____

Result of visit: _______________________

____

____

____

Follow-up Date: ___________

Hospitalizations: _____________________

____

Notes:

____

____

____

____

Office Visit

Date: _________

Dr. Name: ____________________

Reason: ______________________

Lab: _________________________

Prescriptions: ________________

____

Referrals: ____________________

____

Surgery: ______________________

____

Result of visit: _______________

____

____

____

Follow-up Date: _________

Hospitalizations: ______________

____

Notes:

____

____

____

____

Office Visit

Date: ___________
Dr. Name: _______________________________
Reason: ____
Lab: ____
Prescriptions: __________________________________

____
Referrals: ______________________________________

____
Surgery: ____

____
Result of visit: ________________________________

____

____

____
Follow-up Date: ___________
Hospitalizations: _______________________________

____
Notes:

____

____

____

____
Office Visit

Date: _________

Dr. Name: _________________________________

Reason: ___________________________________

Lab: ______________________________________

Prescriptions: _____________________________

____

Referrals: _________________________________

____

Surgery: __________________________________

____

Result of visit: ____________________________

____

____

____

Follow-up Date: ___________

Hospitalizations: __________________________

____

Notes:

____

____

____

____

Office Visit

Date: _________

Dr. Name: _____________________________

Reason: _______________________________

Lab: __________________________________

Prescriptions: _________________________

____

Referrals: _____________________________

____

Surgery: ______________________________

____

Result of visit: ________________________

____

____

____

Follow-up Date: ___________

Hospitalizations: ______________________

____

Notes:

____

____

____

____

Office Visit

Date: _________

Dr. Name: _________________________

Reason: ___________________________

Lab: _____________________________

Prescriptions: _____________________

____

Referrals: ________________________

____

Surgery: _________________________

____

Result of visit: ____________________

____

____

____

Follow-up Date: _________

Hospitalizations: __________________

____

Notes:

____

____

____

____

Office Visit

Date: _________

Dr. Name: _______________________________

Reason: _________________________________

Lab: ____________________________________

Prescriptions: ___________________________

____

Referrals: _______________________________

____

Surgery: ________________________________

____

Result of visit: __________________________

____

____

____

Follow-up Date: _________

Hospitalizations: ________________________

____

Notes:

____

____

____

____

Office Visit

Date: _________

Dr. Name: _____________________________

Reason: _______________________________

Lab: __________________________________

Prescriptions: _________________________

____

Referrals: _____________________________

____

Surgery: ______________________________

____

Result of visit: ________________________

____

____

____

Follow-up Date: _________

Hospitalizations: _______________________

____

Notes:

____

____

____

____

Office Visit

Date: _________

Dr. Name: ____________________________

Reason: ______________________________

Lab: _________________________________

Prescriptions: ________________________

____

Referrals: ____________________________

____

Surgery: _____________________________

____

Result of visit: _______________________

____

____

____

Follow-up Date: _________

Hospitalizations: _____________________

____

Notes:

____

____

____

____

Office Visit

Date: ___________

Dr. Name: _______________________________

Reason: _________________________________

Lab: ____________________________________

Prescriptions: ___________________________

____

Referrals: _______________________________

____

Surgery: ________________________________

____

Result of visit: __________________________

____

____

____

Follow-up Date: ___________

Hospitalizations: ________________________

____

Notes:

____

____

____

____

Office Visit

Date: _________

Dr. Name: _______________________

Reason: _________________________

Lab: ____________________________

Prescriptions: __________________

____

Referrals: ______________________

____

Surgery: ________________________

____

Result of visit: ________________

____

____

____

Follow-up Date: _________

Hospitalizations: _______________

____

Notes:

____

____

____

____

Office Visit

Date: _________

Dr. Name: _______________________

Reason: _________________________

Lab: ____________________________

Prescriptions: ___________________

____

Referrals: _______________________

____

Surgery: ________________________

____

Result of visit: __________________

____

____

____

Follow-up Date: _________

Hospitalizations: ________________

____

Notes:

____

____

____

____

Office Visit

Date: _________

Dr. Name: ___________________________

Reason: _____________________________

Lab: ________________________________

Prescriptions: ______________________

____

Referrals: __________________________

____

Surgery: ____________________________

____

Result of visit: ____________________

____

____

____

Follow-up Date: _________

Hospitalizations: ___________________

____

Notes:

____

____

____

____

Office Visit

Date: __________
Dr. Name: _____________________________
Reason: _______________________________
Lab: __________________________________
Prescriptions: _________________________
____
Referrals: _____________________________
____
Surgery: ______________________________
____
Result of visit: ________________________
____
____
____
Follow-up Date: __________
Hospitalizations: ______________________
____
Notes:
____
____
____
____

Office Visit

Date: _________

Dr. Name: _____________________________

Reason: ______________________________

Lab: _________________________________

Prescriptions: ________________________

____

Referrals: ____________________________

____

Surgery: _____________________________

____

Result of visit: _______________________

____

____

____

Follow-up Date: ___________

Hospitalizations: _____________________

____

Notes:

____

____

____

____

Office Visit

Date: __________

Dr. Name: _________________________

Reason: ___________________________

Lab: ______________________________

Prescriptions: ____________________

____

Referrals: ________________________

____

Surgery: __________________________

____

Result of visit: __________________

____

____

Follow-up Date: __________

Hospitalizations: _________________

____

Notes:

____

____

____

____

Office Visit

Date: _________

Dr. Name: ____________________________

Reason: ______________________________

Lab: _________________________________

Prescriptions: ________________________

____

Referrals: ____________________________

____

Surgery: _____________________________

____

Result of visit: _______________________

____

____

____

Follow-up Date: _________

Hospitalizations: _____________________

____

Notes:

____

____

____

____

Office Visit

Date: _________

Dr. Name: _______________________________

Reason: _________________________________

Lab: ____________________________________

Prescriptions: ___________________________

____

Referrals: _______________________________

____

Surgery: ________________________________

____

Result of visit: __________________________

____

____

____

Follow-up Date: _________

Hospitalizations: ________________________

____

Notes:

____

____

____

____

Office Visit

Date: _________

Dr. Name: _____________________________

Reason: _________________________________

Lab: _____________________________________

Prescriptions: ___________________________

____

Referrals: _______________________________

____

Surgery: _________________________________

____

Result of visit: __________________________

____

____

____

Follow-up Date: _________

Hospitalizations: ________________________

____

Notes:

____

____

____

____

Office Visit

Date: ___________

Dr. Name: _______________________________

Reason: _________________________________

Lab: ____________________________________

Prescriptions: ___________________________

____

Referrals: _______________________________

____

Surgery: ________________________________

____

Result of visit: __________________________

____

____

____

Follow-up Date: ___________

Hospitalizations: _________________________

____

Notes:

____

____

____

____

Office Visit

Date: __________

Dr. Name: ______________________________

Reason: ____________________________________

Lab: ____

Prescriptions: ______________________________

____

Referrals: ____________________________________

____

Surgery: _____________________________________

____

Result of visit: _____________________________

____

____

____

Follow-up Date: ____________

Hospitalizations: __________________________

____

Notes:

____

____

____

____

Office Visit

Date: ___________

Dr. Name: _________________________________

Reason: ___________________________________

Lab: ______________________________________

Prescriptions: _____________________________

____

Referrals: _________________________________

____

Surgery: __________________________________

____

Result of visit: ____________________________

____

____

____

Follow-up Date: ___________

Hospitalizations: __________________________

____

Notes:

____

____

____

____

Office Visit

Date: _________

Dr. Name: _______________________

Reason: _________________________

Lab: ___________________________

Prescriptions: ___________________

____

Referrals: _______________________

____

Surgery: ________________________

____

Result of visit: __________________

____

____

____

Follow-up Date: _________

Hospitalizations: ________________

____

Notes:

____

____

____

____

Office Visit

Date: _________

Dr. Name: ____________________________

Reason: ______________________________

Lab: _________________________________

Prescriptions: ________________________

____

Referrals: ___________________________

____

Surgery: _____________________________

____

Result of visit: ______________________

____

____

____

Follow-up Date: _________

Hospitalizations: _____________________

____

Notes:

____

____

____

____

Office Visit

Date: _________

Dr. Name: _____________________

Reason: _________________________

Lab: ___________________________

Prescriptions: ___________________

____

Referrals: ______________________

____

Surgery: _______________________

____

Result of visit: _________________

____

____

____

Follow-up Date: _________

Hospitalizations: _______________

____

Notes:

____

____

____

____

Office Visit

Date: ___________

Dr. Name: _______________________________

Reason: _________________________________

Lab: ____________________________________

Prescriptions: ___________________________

____

Referrals: _______________________________

____

Surgery: ________________________________

____

Result of visit: __________________________

____

____

____

Follow-up Date: ___________

Hospitalizations: ________________________

____

Notes:

____

____

____

____

Office Visit

Date: _________

Dr. Name: _____________________________

Reason: _______________________________

Lab: __________________________________

Prescriptions: _________________________

____

Referrals: _____________________________

____

Surgery: ______________________________

____

Result of visit: ________________________

____

____

____

Follow-up Date: _________

Hospitalizations: ______________________

____

Notes:

____

____

____

____

Office Visit

Date: _________
Dr. Name: _______________________________
Reason: _________________________________
Lab: ____________________________________
Prescriptions: __________________________

____
Referrals: ______________________________

____
Surgery: ________________________________

____
Result of visit: ________________________

____

____

____
Follow-up Date: _________
Hospitalizations: _______________________

____
Notes:

____

____

____

____

Office Visit

Date: _________

Dr. Name: ____________________________

Reason: _______________________________

Lab: __________________________________

Prescriptions: _________________________

____

Referrals: _____________________________

____

Surgery: ______________________________

____

Result of visit: ________________________

____

____

____

Follow-up Date: _________

Hospitalizations: _______________________

____

Notes:

____

____

____

____

Office Visit

Date: __________

Dr. Name: ____________________________

Reason: ____________________________________

Lab: ____________________________________

Prescriptions: ____________________________

____

Referrals: ____________________________________

____

Surgery: ____________________________________

____

Result of visit: ____________________________

____

____

____

Follow-up Date: __________

Hospitalizations: ____________________________

____

Notes:

____

____

____

____

Office Visit

Date: _________

Dr. Name: _____________________________

Reason: _______________________________

Lab: __________________________________

Prescriptions: _________________________

____

Referrals: ____________________________

____

Surgery: ______________________________

____

Result of visit: ______________________

____

____

____

Follow-up Date: _________

Hospitalizations: _____________________

____

Notes:

____

____

____

____

Office Visit

Date: _________

Dr. Name: _____________________________

Reason: _______________________________

Lab: __________________________________

Prescriptions: _________________________

____

Referrals: _____________________________

____

Surgery: ______________________________

____

Result of visit: ________________________

____

____

____

Follow-up Date: _________

Hospitalizations: ______________________

____

Notes:

____

____

____

____

Office Visit

Date: _________

Dr. Name: _______________________

Reason: _________________________

Lab: ____________________________

Prescriptions: ___________________

____

Referrals: _______________________

____

Surgery: ________________________

____

Result of visit: __________________

____

____

____

Follow-up Date: _________

Hospitalizations: ________________

____

Notes:

____

____

____

____

Office Visit

Date: _________

Dr. Name: ____________________________

Reason: _______________________________

Lab: __________________________________

Prescriptions: _________________________

____

Referrals: _____________________________

____

Surgery: ______________________________

____

Result of visit: ________________________

____

____

____

Follow-up Date: _________

Hospitalizations: ______________________

____

Notes:

____

____

____

____

Office Visit

Date: _________

Dr. Name: ____________________________

Reason: _________________________________

Lab: _________________________________

Prescriptions: ___________________________

____

Referrals: _______________________________

____

Surgery: _________________________________

____

Result of visit: ___________________________

____

____

____

Follow-up Date: _________

Hospitalizations: _________________________

____

Notes:

____

____

____

____

Office Visit

Date: _________

Dr. Name: _____________________________

Reason: _______________________________

Lab: __________________________________

Prescriptions: _________________________

____

Referrals: _____________________________

____

Surgery: ______________________________

____

Result of visit: _______________________

____

____

____

Follow-up Date: _________

Hospitalizations: ______________________

____

Notes:

____

____

____

____

Office Visit

Date: __________

Dr. Name: ______________________________

Reason: ______________________________

Lab: ______________________________

Prescriptions: ______________________________

____

Referrals: ______________________________

____

Surgery: ______________________________

____

Result of visit: ______________________________

____

____

____

Follow-up Date: __________

Hospitalizations: ______________________________

____

Notes:

____

____

____

____

Office Visit

Date: _________

Dr. Name: ____________________________

Reason: ______________________________

Lab: _________________________________

Prescriptions: ________________________

____

Referrals: ____________________________

____

Surgery: _____________________________

____

Result of visit: _______________________

____

____

____

Follow-up Date: _________

Hospitalizations: ______________________

____

Notes:

____

____

____

____

Office Visit

Date: __________

Dr. Name: _______________________________

Reason: _________________________________

Lab: ___________________________________

Prescriptions: ___________________________

____

Referrals: ______________________________

____

Surgery: ________________________________

____

Result of visit: __________________________

____

____

____

Follow-up Date: __________

Hospitalizations: _________________________

____

Notes:

____

____

____

____

Office Visit

Date: _________

Dr. Name: _____________________________

Reason: _______________________________

Lab: __________________________________

Prescriptions: _________________________

____

Referrals: _____________________________

____

Surgery: ______________________________

____

Result of visit: ________________________

____

____

____

Follow-up Date: _________

Hospitalizations: ______________________

____

Notes:

____

____

____

____

Office Visit

Date: _________

Dr. Name: ______________________________

Reason: ________________________________

Lab: ___________________________________

Prescriptions: __________________________

____

Referrals: ______________________________

____

Surgery: _______________________________

____

Result of visit: _________________________

____

____

____

Follow-up Date: _________

Hospitalizations: ________________________

____

Notes:

____

____

____

____

Office Visit

Date: _________

Dr. Name: _______________________________

Reason: _________________________________

Lab: ____________________________________

Prescriptions: ___________________________

____

Referrals: _______________________________

____

Surgery: ________________________________

____

Result of visit: __________________________

____

____

____

Follow-up Date: _________

Hospitalizations: _________________________

____

Notes:

____

____

____

____

Office Visit

Date: _________

Dr. Name: _____________________________

Reason: ________________________________

Lab: ___________________________________

Prescriptions: _________________________

____

Referrals: _____________________________

____

Surgery: _______________________________

____

Result of visit: _______________________

____

____

____

Follow-up Date: _________

Hospitalizations: ______________________

____

Notes:

____

____

____

____

Office Visit

Date: _________

Dr. Name: _____________________________

Reason: _______________________________

Lab: __________________________________

Prescriptions: _________________________

____

Referrals: _____________________________

____

Surgery: ______________________________

____

Result of visit: ________________________

____

____

____

Follow-up Date: _________

Hospitalizations: _______________________

____

Notes:

____

____

____

____

Office Visit

Date: ________

Dr. Name: ________________________

Reason: ____________________________

Lab: _______________________________

Prescriptions: _______________________

____

Referrals: ___________________________

____

Surgery: ____________________________

____

Result of visit: ______________________

____

____

____

Follow-up Date: ___________

Hospitalizations: _____________________

____

Notes:

____

____

____

____

Office Visit

Date: __________

Dr. Name: ____________________________

Reason: ______________________________

Lab: _________________________________

Prescriptions: _______________________

____

Referrals: ___________________________

____

Surgery: _____________________________

____

Result of visit: _____________________

____

____

____

Follow-up Date: __________

Hospitalizations: ____________________

____

Notes:

____

____

____

____

Office Visit

Date: _________

Dr. Name: _________________________

Reason: _________________________________

Lab: ___________________________________

Prescriptions: ___________________________

____

Referrals: _______________________________

____

Surgery: ________________________________

____

Result of visit: __________________________

____

____

____

Follow-up Date: ___________

Hospitalizations: ________________________

____

Notes:

____

____

____

____

Office Visit

Date: _________

Dr. Name: _____________________________

Reason: _______________________________

Lab: __________________________________

Prescriptions: _________________________

____

Referrals: _____________________________

____

Surgery: _______________________________

____

Result of visit: ________________________

____

____

____

Follow-up Date: _________

Hospitalizations: ______________________

____

Notes:

____

____

____

____

Office Visit

Date: _________

Dr. Name: ____________________________

Reason: ______________________________

Lab: _________________________________

Prescriptions: ________________________

____

Referrals: ___________________________

____

Surgery: _____________________________

____

Result of visit: ______________________

____

____

____

Follow-up Date: _________

Hospitalizations: ____________________

____

Notes:

____

____

____

____

Office Visit

Date: _________

Dr. Name: ______________________

Reason: ________________________

Lab: __________________________

Prescriptions: ___________________

____

Referrals: ______________________

____

Surgery: _______________________

____

Result of visit: __________________

____

____

____

Follow-up Date: _________

Hospitalizations: ________________

____

Notes:

____

____

____

____

Office Visit

Date: _________

Dr. Name: ______________________________

Reason: ________________________________

Lab: ___________________________________

Prescriptions: __________________________

____

Referrals: ______________________________

____

Surgery: ________________________________

____

Result of visit: __________________________

____

____

____

Follow-up Date: _________

Hospitalizations: ________________________

____

Notes:

____

____

____

____

Office Visit

Date: _________

Dr. Name: ______________________________

Reason: ________________________________

Lab: ___________________________________

Prescriptions: __________________________

____

Referrals: ______________________________

____

Surgery: _______________________________

____

Result of visit: _________________________

____

____

____

Follow-up Date: _________

Hospitalizations: _______________________

____

Notes:

____

____

____

____

Office Visit

Date: __________

Dr. Name: __________________________

Reason: ___________________________________

Lab: ______________________________________

Prescriptions: ______________________________

____

Referrals: __________________________________

____

Surgery: ____________________________________

____

Result of visit: _____________________________

____

____

____

Follow-up Date: ____________

Hospitalizations: _________________________

____

Notes:

____

____

____

____

Office Visit

Date: _________

Dr. Name: _____________________

Reason: _______________________

Lab: __________________________

Prescriptions: _________________

____

Referrals: _____________________

____

Surgery: ______________________

____

Result of visit: ________________

____

____

____

Follow-up Date: _________

Hospitalizations: ______________

____

Notes:

____

____

____

____

Office Visit

Date: ________

Dr. Name: ________________________

Reason: _______________________________

Lab: ____________________________________

Prescriptions: __________________________

____

Referrals: ______________________________

____

Surgery: ________________________________

____

Result of visit: _________________________

____

____

____

Follow-up Date: ___________

Hospitalizations: ______________________

____

Notes:

____

____

____

____

Office Visit

Date: _________

Dr. Name: ____________________________

Reason: ______________________________

Lab: _________________________________

Prescriptions: _______________________

____

Referrals: ___________________________

____

Surgery: _____________________________

____

Result of visit: _____________________

____

____

____

Follow-up Date: _________

Hospitalizations: ____________________

____

Notes:

____

____

____

____

Office Visit

Date: _________

Dr. Name: _____________________________

Reason: _______________________________

Lab: __________________________________

Prescriptions: _________________________

____

Referrals: _____________________________

____

Surgery: ______________________________

____

Result of visit: ________________________

____

____

____

Follow-up Date: _________

Hospitalizations: ______________________

____

Notes:

____

____

____

____

Office Visit

Date: _________

Dr. Name: ______________________________

Reason: ________________________________

Lab: ___________________________________

Prescriptions: __________________________

____

Referrals: ______________________________

____

Surgery: _______________________________

____

Result of visit: _________________________

____

____

____

Follow-up Date: _________

Hospitalizations: ________________________

____

Notes:

____

____

____

____

Office Visit

Date: _________

Dr. Name: ____________________________

Reason: ____________________________________

Lab: ____________________________________

Prescriptions: ____________________________

____

Referrals: ________________________________

____

Surgery: __________________________________

____

Result of visit: ____________________________

____

____

____

Follow-up Date: _________

Hospitalizations: __________________________

____

Notes:

____

____

____

____

Office Visit

Date: _________

Dr. Name: _____________________________

Reason: _______________________________

Lab: __________________________________

Prescriptions: _________________________

____

Referrals: _____________________________

____

Surgery: ______________________________

____

Result of visit: ________________________

____

____

____

Follow-up Date: _____________

Hospitalizations: ______________________

____

Notes:

____

____

____

____

Office Visit

Date: _________

Dr. Name: ____________________________

Reason: _________________________________

Lab: _________________________________

Prescriptions: _____________________________

____

Referrals: ______________________________

____

Surgery: ________________________________

____

Result of visit: ___________________________

____

____

____

Follow-up Date: _________

Hospitalizations: _________________________

____

Notes:

____

____

____

____

Office Visit

Date: _________

Dr. Name: _________________________

Reason: _____________________________

Lab: _______________________________

Prescriptions: _______________________

____

Referrals: ___________________________

____

Surgery: ____________________________

____

Result of visit: ______________________

____

____

____

Follow-up Date: _________

Hospitalizations: _____________________

____

Notes:

____

____

____

____

Office Visit

Date: _________

Dr. Name: ______________________________

Reason: ________________________________

Lab: __________________________________

Prescriptions: __________________________

____

Referrals: ______________________________

____

Surgery: _______________________________

____

Result of visit: _________________________

____

____

____

Follow-up Date: _________

Hospitalizations: ________________________

____

Notes:

____

____

____

____

Office Visit

Date: _________

Dr. Name: ___________________________

Reason: _____________________________

Lab: _______________________________

Prescriptions: _______________________

____

Referrals: ___________________________

____

Surgery: ____________________________

____

Result of visit: ______________________

____

____

____

Follow-up Date: _________

Hospitalizations: ____________________

____

Notes:

____

____

____

____

Office Visit

Date: _________

Dr. Name: ______________________________

Reason: ______________________________

Lab: ______________________________

Prescriptions: ______________________________
____

Referrals: ______________________________
____

Surgery: ______________________________
____

Result of visit: ______________________________
____
____
____

Follow-up Date: _________

Hospitalizations: ______________________________
____

Notes:
____
____
____
____

Office Visit

Date: _________

Dr. Name: _____________________________

Reason: _______________________________

Lab: __________________________________

Prescriptions: _________________________

____

Referrals: _____________________________

____

Surgery: _______________________________

____

Result of visit: ________________________

____

____

____

Follow-up Date: _________

Hospitalizations: _______________________

____

Notes:

____

____

____

____

Office Visit

Date: _________

Dr. Name: __________________________

Reason: ____________________________________

Lab: ____

Prescriptions: _______________________________

____

Referrals: _____________________________________

____

Surgery: ______________________________________

____

Result of visit: _______________________________

____

____

____

Follow-up Date: ___________

Hospitalizations: _________________________

____

Notes:

____

____

____

____

Office Visit

Date: __________

Dr. Name: ____________________________

Reason: ________________________________

Lab: ___________________________________

Prescriptions: ___________________________

____

Referrals: ________________________________

____

Surgery: _________________________________

____

Result of visit: ___________________________

____

____

____

Follow-up Date: ___________

Hospitalizations: ________________________

____

Notes:

____

____

____

____

Office Visit

Date: ___________
Dr. Name: _______________________
Reason: _________________________
Lab: ____________________________
Prescriptions: __________________

____
Referrals: ______________________

____
Surgery: ________________________

____
Result of visit: ________________

____

____

____
Follow-up Date: ___________
Hospitalizations: _______________

____
Notes:

____

____

____

____

Office Visit

Date: _________

Dr. Name: _____________________________

Reason: _______________________________

Lab: __________________________________

Prescriptions: _________________________

____

Referrals: _____________________________

____

Surgery: _______________________________

____

Result of visit: ________________________

____

____

____

Follow-up Date: __________

Hospitalizations: ______________________

____

Notes:

____

____

____

____

Office Visit

Date: _________

Dr. Name: _______________________

Reason: __________________________

Lab: ____________________________

Prescriptions: _____________________

____

Referrals: _________________________

____

Surgery: __________________________

____

Result of visit: ____________________

____

____

____

Follow-up Date: __________

Hospitalizations: __________________

____

Notes:

____

____

____

____

Office Visit

Date: __________

Dr. Name: ___________________________

Reason: ______________________________

Lab: ________________________________

Prescriptions: __________________________

____

Referrals: _____________________________

____

Surgery: ______________________________

____

Result of visit: _________________________

____

____

____

Follow-up Date: ____________

Hospitalizations: _______________________

____

Notes:

____

____

____

____

Office Visit

Date: _________

Dr. Name: ______________________________

Reason: ________________________________

Lab: ___________________________________

Prescriptions: __________________________

____

Referrals: ______________________________

____

Surgery: _______________________________

____

Result of visit: _________________________

____

____

____

Follow-up Date: __________

Hospitalizations: ________________________

____

Notes:

____

____

____

____

Office Visit

Date: ___________

Dr. Name: _______________________________

Reason: _________________________________

Lab: ____________________________________

Prescriptions: ___________________________

____

Referrals: _______________________________

____

Surgery: ________________________________

____

Result of visit: __________________________

____

____

____

Follow-up Date: ___________

Hospitalizations: _________________________

____

Notes:

____

____

____

____

Office Visit

Date: _________

Dr. Name: _____________________________

Reason: _______________________________

Lab: _________________________________

Prescriptions: _________________________

____

Referrals: _____________________________

____

Surgery: ______________________________

____

Result of visit: ________________________

____

____

____

Follow-up Date: _________

Hospitalizations: _______________________

____

Notes:

____

____

____

____

Office Visit

Date: _________

Dr. Name: ______________________________

Reason: ______________________________

Lab: ______________________________

Prescriptions: ______________________________

____

Referrals: ______________________________

____

Surgery: ______________________________

____

Result of visit: ______________________________

____

____

____

Follow-up Date: _________

Hospitalizations: ______________________________

____

Notes:

____

____

____

____

Office Visit

Date: _________

Dr. Name: ____________________________

Reason: ______________________________

Lab: _________________________________

Prescriptions: _______________________

____

Referrals: ___________________________

____

Surgery: _____________________________

____

Result of visit: _____________________

____

____

____

Follow-up Date: _________

Hospitalizations: ____________________

____

Notes:

____

____

____

____

Office Visit

Date: ________

Dr. Name: __________________________

Reason: _______________________________

Lab: ___________________________________

Prescriptions: ___________________________

____

Referrals: _______________________________

____

Surgery: ________________________________

____

Result of visit: __________________________

____

____

____

Follow-up Date: ___________

Hospitalizations: ________________________

____

Notes:

____

____

____

____

Social Security Disability
Application Checklist

Compete this checklist prior to making application for Social Security Disability benefits.

Primary Impairment: _______________________

Secondary Impairment: _______________________

Date Impairment began: _______________

Date you stopped working: _____________

Title of work: _______________________

You age: _________

Education:_______________________

Applied before?   Yes   No

Last decision date: _______________

Where you notified of decision? Yes   No

Do you have a copy of the notice? Yes   No

Do you have a Representative? Yes   No

If, yes, name of representative: _______________

Briefly describe why you are totally disabled and unable to perform any kind of work? _________

____

____

_______________________________________.

Please note that the SSA application process is complex and may require professional advocate representation. If you need assistance or are

interested in becoming a Certified Social Security
disability advocate, visit our website for details at
www.ssahelp.com.